Dans la même collection

Et si je racontais un mensonge ?
Et si je n'allais plus à l'école ?
Et si je désobéissais ?
Et si je me bagarrais ?
Et moi, pourquoi je n'ai pas d'argent ?
Et pourquoi je n'ai jamais le droit ?
Et si on ne mourait jamais ?

300, rue Léon-Joulin, 31101 Toulouse Cedex 9 – France

Loi 49.956 du 16.07.1949 sur les publications destinées à la jeunesse.
Dépôt légal : avril 2009
ISBN : 978-2-7459-3645-5

Conception graphique : Bruno Douin
Claire Debout a collaboré à l'édition de cet ouvrage.
Imprimé en Italie par Rotolito Lombarda

dis-moi filo

ET SI JE LAISSAIS TOUT TOMBER ?

Brigitte Labbé

Éric Gasté

MILAN jeunesse

Les photos préférées de Filou

Bonjour, je m'appelle Filou et j'ai 6 ans et demi.
J'ai collé mes photos préférées, comme ça,
tu peux voir tout le monde.

papa, ma grande sœur Anaïs, mon grand frère Thomas, maman et Raoul mon chat.

Là, c'est moi, à mon anniversaire de 6 ans.
C'est papa qui a fait le gâteau.

↑ Ça c'est moi avec Filo, mon ami avec qui je parle de tout.

En colo avec mon copain Paul.
↓

J'aimerais monter à côté d'elle ♡
→

ET SI JE LAISSAIS TOUT TOMBER ?

« C'est Thomas qui revient ! » crie Petit Filou en courant vers la porte d'entrée.

« Alors, tu as réussi ? demandent Maman et Papa.

– Non, dit Thomas. J'ai raté. J'arrête tout, je n'y retournerai pas.

– Mais alors tu ne pourras jamais conduire une voiture », remarque Filou.

Thomas se laisse tomber sur le canapé.
« Je ne veux plus passer le permis de conduire. J'abandonne. Après tout, on peut vivre sans voiture.

– Tu as raison, dit Petit Filou. Moi hier, j'ai pris deux buts, mon équipe a perdu à cause de moi. Je ne veux plus faire de foot, j'abandonne. Et puis on peut vivre sans foot. »

Papa et Maman jettent un regard fâché vers Thomas et se tournent vers Filou en disant :

« Mais ça ne marche pas comme ça, Petit Filou ! On va t'expliquer. »

Hou là là ! En disant « On va t'expliquer », Papa et Maman ont pris un air légèrement déçu que Filou n'aime pas tellement.

« Petit Filou, on ne laisse pas tout tomber dès que quelque chose ne va pas, s'exclame Papa.
– Sinon, dans la vie, on ne ferait jamais rien, ajoute Maman.

– Mais pourquoi je dois faire
du foot si je suis nul ?

– Qui a dit que tu es nul ? demande Papa. Tous les gardiens prennent des buts ! Même les meilleurs du monde.

– Oui, mais ils sont les meilleurs du monde, répond Filou. Moi, je suis le meilleur de rien du tout.
– Et à ton avis, comment sont-ils devenus les meilleurs ? demande Maman.
– En arrêtant tous les ballons.

– Eh bien, tu te trompes, annonce Maman. Eux aussi, ils ratent, et je suis sûre que, parfois, ils ont eu envie de tout abandonner.
– Comment tu sais ? dit Filou. Tu connais un gardien de but ? »

Hou là là ! Maintenant, Papa et Maman ont tous les deux les mains sur les hanches.

« Pas besoin de connaître un gardien, continue Maman. Tu comprends ce que je veux dire : tout le monde vit des échecs, et si à chaque échec on…
– Et Thomas, alors ? interrompt Filou. Il a le droit de ne plus passer son permis, lui ?

– Tu as le droit d'arrêter le foot, explique Papa. Mais trouve d'abord une bonne raison.
– Laisser passer les ballons comme une passoire, se moque Thomas. Voilà une bonne raison ! »
Filou saute sur Thomas et lui plaque un coussin sur la tête.

« Ça recommence ! dit Maman en riant.
– Bon, on reparlera du permis de conduire, du football et de tout ça quand vous aurez fini de vous bagarrer », sourit Papa.

Le soir, Petit Filou court dans sa chambre et ouvre sa fenêtre. Il en était sûr ! L'oiseau Filo est là.

« Bonsoir Filou ! Alors, qui a gagné la bagarre ?

– Thomas. Il est trop fort. Mais un jour, je l'aurai.

– Ah ! Là, tu n'abandonnes pas ! s'exclame l'oiseau Filo. Bon, on verra. Mais en attendant, parlons plutôt du jour où ta sœur a décidé d'apprendre à faire du vélo sans les petites roues.

– Elle devait tout le temps tomber ! se moque Filou.
– Oui, elle tombait, et qu'est-ce qu'elle faisait ? demande l'oiseau Filo.

– Elle pleurait sûrement. Et puis elle se relevait.
– Et après ?
– Elle retombait.
– Et après ? »

Filou rigole et demande :
« Ça va durer longtemps, tes questions ?
– Et les chutes d'Anaïs, elles ont duré longtemps ? continue l'oiseau Filo.
– Euh… je ne sais pas. »

Filou réfléchit et ajoute :
« Jusqu'à ce qu'Anaïs réussisse.

– Exactement. Sa réussite s'est fabriquée de petits échecs en petits échecs. À chaque échec, elle a appris quelque chose : bien regarder devant, moins se pencher à droite, freiner plus tôt… Et ton entraîneur, il t'a parlé des buts que tu as encaissés ? » questionne l'oiseau Filo en attrapant le ballon de football de Filou.

« Oui. Le premier but, il m'a dit que je n'y pouvais rien. Mais pour le deuxième, il m'a expliqué pourquoi j'ai raté.

– Et tu as compris ?

– La prochaine fois, je ne dois pas quitter le ballon des yeux, explique Filou en rougissant. Même si Lisa vient s'asseoir dans les tribunes.

– Tu as dit la prochaine fois ? s'étonne l'oiseau Filo. Tu vas continuer le football ?
– En vrai, je ne veux pas arrêter mais j'ai trop peur d'y retourner.
– On a tous peur des échecs, avoue Filo. Mais si tu veux vraiment être gardien de but, si tu veux vraiment réussir, alors tu peux décider que chaque échec te sert à apprendre quelque chose. »
Filou réfléchit.

« Je vais demander à Thomas s'il a compris pourquoi il a raté son permis, s'enthousiasme Filou.
– Bonne idée ! Va l'aider à ne pas rester coincé dans sa peur ! »

Filou réfléchit encore.
Quand Papa va venir lire l'histoire du soir, quand Maman va venir donner le bisou du soir, il aura beaucoup de choses à dire… et de questions à leur poser sur leurs échecs et leurs succès.

Filou aimerait bien discuter plus longtemps avec l'oiseau Filo. Mais Filo doit déjà partir, des fenêtres s'ouvrent, d'autres enfants l'attendent.

« À demain, Filo !
– À demain, Filou ! »

Et toi, quand l'oiseau Filo viendra te voir,
de quoi aimerais-tu parler ?

Et si on parlait aussi...

... de mon doudou.

... de ce qui se passe si on désobéit.

... de si on est obligé d'aimer ses frères et sœurs.

_ _ _ _ _ _ _ _ _ _ _ _

_ _ _ _ _ _ _ _ _ _ _ _

_ _ _ _ _ _ _ _ _ _ _ _

_ _ _ _ _ _ _ _ _ _ _ _

... de pourquoi on a des notes à l'école.

... de Barak Obama.

... de rien, je compte mes pièces de 20 cents.